LES PARTIES D'UNE PLANTE

LES FLEURS

Un livre de la collection Les racines de Crabtree

ALICIA RODRIGUEZ

Crabtree Publishing
crabtreebooks.com

Soutien de l'école à la maison pour les parents, les gardiens et les enseignants

Ce livre aide les enfants à se développer grâce à la pratique de la lecture. Voici quelques exemples de questions pour aider le lecteur ou la lectrice à développer ses capacités de compréhension. Les suggestions de réponses sont indiquées en rouge.

Avant la lecture

- De quoi ce livre parle-t-il?
    - *Ce livre parle des fleurs.*
    - *Ce livre explique à quoi ressemblent les fleurs.*

- Qu'est-ce que je veux apprendre sur ce sujet?
    - *Je veux apprendre de quelle couleur peuvent être les fleurs.*
    - *Je veux apprendre de quelle grandeur peuvent être les fleurs.*

Pendant la lecture

- Je me demande pourquoi...
    - *Je me demande pourquoi les plantes produisent des fleurs.*
    - *Je me demande pourquoi les gens cueillent les fleurs.*

- Qu'est-ce que j'ai appris jusqu'à présent?
    - *J'ai appris que les fleurs ont des pétales.*
    - *J'ai appris que les fleurs peuvent être grandes ou petites.*

Après la lecture

- Nomme quelques détails que tu as retenus.
    - *J'ai appris que les fleurs peuvent être de différentes couleurs.*
    - *J'ai appris que les fleurs peuvent produire du pollen.*

- Lis le livre à nouveau et cherche les mots de vocabulaire.
    - *Je vois le mot* ***pétales*** *à la page 8 et le mot* ***pollen*** *à la page 10. Les autres mots de vocabulaire se trouvent à la page 14.*

Voici une **fleur**.

Certaines fleurs sont grandes.

Certaines fleurs sont petites.

Certaines fleurs ont des **pétales**.

Certaines fleurs produisent du **pollen**.

Toutes les fleurs sont belles!

Liste de mots

Mots courants

certaines	produisent	toutes
ont	sont	une

La boîte à mots

fleur

pétales

pollen

26 mots

Voici une **fleur**.

Certaines fleurs sont grandes.

Certaines fleurs sont petites.

Certaines fleurs ont des **pétales**.

Certaines fleurs produisent du **pollen**.

Toutes les fleurs sont belles!

LES PARTIES D'UNE PLANTE

LES FLEURS

Crabtree Publishing

crabtreebooks.com 800-387-7650

Au Canada : Nous reconnaissons l'appui financier du gouvernement du Canada par l'entremise du Fonds du livre du Canada pour nos activités de publication.

Catalogage avant publication de Bibliothèque et Archives Canada

Titre: Les fleurs / Alicia Rodriguez ; texte français d'Annie Evearts.
Autres titres: Flowers. Français.
Noms: Rodriguez, Alicia, auteur.
Description: Mention de collection: Les parties d'une plante | Les racines de Crabtree | Traduction de : Flowers. | Comprend un index.
Identifiants: Canadiana (livre imprimé) 20210268115 | Canadiana (livre numérique) 20210261692 | ISBN 9781039606128 (couverture souple) | ISBN 9781039606180 (HTML) | ISBN 9781039606241 (EPUB) | ISBN 9781039606302 (livre numérique avec narration)
Vedettes-matière: RVM: Fleurs—Ouvrages pour la jeunesse. | RVMGF: Documents pour la jeunesse.
Classification: LCC QK653 .R6314 2022 | CDD j575.6—dc23

Publié au Canada
Crabtree Publishing
616 Welland Ave.
St. Catharines, Ontario
L2M 5V6

Publié aux États-Unis
Crabtree Publishing
347 Fifth Avenue
Suite 1402-145
New York, NY, 10016

Autrice : Alicia Rodriguez
Conception : Rhea Wallace
Développement de la série : James Earley
Correctrice : Ellen Rodger
Conseils pédagogiques : Marie Lemke M.Ed.
Traduction : Annie Evearts
Références photographiques :
Shutterstock : Serhii Brovko : couverture; luckfarm : p. 1; dookfish : p. 3, 14; djgis : p. 5; Nazmin Sultana : p. 7; nana77777 : p. 9, 14; Marie C Fields : p. 11, 14; tratons : p. 12-13

Paperback	978-1-0396-0612-8
Ebook (pdf)	978-1-0396-0618-0
Epub	978-1-0396-0624-1
Read-along	978-1-0396-0630-2
Audio book	978-1-0396-0636-4

Imprimé au Canada/032024/CP20240312